D1603130

DESPEDIDA QUE NO CESA

# Wolfgang Hermann
# DESPEDIDA QUE NO CESA

TRADUCCIÓN DE RICHARD GROSS

**EDITORIAL PERIFÉRICA**

PRIMERA EDICIÓN: octubre de 2016
TÍTULO ORIGINAL: *Abschied ohne Ende*

ISBN: 978-84-16291-38-0
DEPÓSITO LEGAL: CC-311-2016
IMPRESIÓN: KADMOS
IMPRESO EN ESPAÑA – PRINTED IN SPAIN

*Para Florian*

.

*Toda manifestación del ser*
*es combustible para el fuego de la conciencia*
*y se apacigua extinguiéndose*
*en la luz del discernimiento verdadero.*

NAGARJUNA

El jardín despedía una luz singular, como si cada hoja brillara desde dentro. En los arbustos y las copas de los árboles se abrían espacios, ocultos a lo largo del verano. Sobre el paisaje se extendía una lentitud, una vacilación, como si la vida toda fuera consciente de su debilidad. Una vez rota, la luz del verano no volvía. Ascendía, se elevaba, relumbraba una vez más con toda la fuerza venida como de los confines boreales, para luego replegarse de la tierra y ceder su lugar a la grisalla de noviembre. Bajo la luz de noviembre las cosas se opacaban, perdían su perfil, se preparaban para un largo exilio interior que vivía, durante un tiempo, desde el recuerdo de la luz del verano.

Las personas tenían un paso distinto, de algún modo más sabedor, más cauto. Como si sus cuerpos supieran más que ellos.

La luz menguante también hacía que la vida en mis adentros se volviera más silenciosa. En las primeras semanas, antes de habituarme a la llegada del invierno, me embargaba la desorientación; no sabía a qué apelar ni qué hacer para no perder de vista mi propio yo. Por otra parte, con la gris negrura de noviembre renacía en mí algo de aquel placer de la niñez experimentado en los tempranos anocheceres de invierno.

Así sucedía antes de que muriera el tiempo. Sucedía como la caída de una hoja, sólo que ni la hoja ni el vacío en que caía tenían existencia.

Lo que se marchitaba dentro de mí era mi vida. Desde la muerte de Fabius no había respirado hondo una sola vez. Los días eran días sin luz, aunque en alguna parte, allá fuera, luciese el sol. Lucía, pero estaba engullido por la tierra.

La vida es como un fluido. Sin esperanza, se corta y pierde toda luz.

Comenzó a envolverme una gran oscuridad. Tenía una arcaica certeza de que mi vida se había acabado, dijera yo lo que dijese para anular esa conciencia.

Procuraba pensar en algo que no fuera la oscuridad. En las alegrías de la vida. ¿Cuáles eran las alegrías de la vida? ¿Y de qué vida?

No sabíamos qué significaba que un ser joven, un amor joven, una joven esperanza, tuviese que morir. No sospechábamos el cráter que abría una muerte de esta índole.

La vida es un fluido. Hay que sostenerlo en equilibrio porque, al derramarlo, se escurre y desaparece.

Sucedió en el último invierno. No había realidad alrededor, yo era un esqueleto vacío atravesado por el viento silbante. Alguien me ponía la comida y me mantenía lejos del teléfono.

Oí telefonear a alguien. Los intervalos entre las frases se dilataban. Alguien tenía que ocuparse de los preparativos del entierro.

En toda la casa ardían velas. Los espejos se hallaban tapados. Me habría sido imposible soportar mi imagen. No, no habría comprendido que yo era yo. Anna estaba sentada a mi lado, mirábamos fijos la llama, de la que veía surgir la cara de Fabius. Se elevaba ante mí, planeaba alrededor de mí como una nube, no: como una vibración. Tal vez él no sabía que estaba muerto, todo había ido demasiado rápido, sin palabras, de forma inopinada. Era tan joven, ¿cómo iba a saberlo?

Aquella mañana se borró el tiempo. Nunca estaba la casa tan silenciosa. Fue abrir los ojos y saberlo. Pero si no podía ser, si no cabía en la mente. Si sólo era una gripe, sólo era un poco de fiebre. De eso una persona joven no muere. Pero lo decía el silencio, ese silencio que sólo puede significar la presencia de la muerte.

Estaba ante la puerta entornada del cuarto de Fabius y no me atrevía a entrar. Pronuncié su nombre, pero tenía la voz reseca. Toqué el marco de la puerta para cerciorarme de que seguía allí. Entré en el cuarto, y vi un pie colgando de la cama. No respiré cuando mi mano tocó aquel pie. Parecía de cera. Mis ojos recorrieron a tientas la manta, hacia arriba. Mis ojos no querían llegar, no querían ver lo que estaba grabado a fuego en el cerebro desde el momento en que desperté. Pero los ojos tienen que cumplir su función para no dejar de ser ojos. Fabius me miraba con los párpados entrecerrados, los ojos ya muy idos. ¿Me miraba a mí? Si yo no estaba, si yo ya no existía... Había sido catapultado a las alturas, catapultado por un rayo de luz atroz que me desarboló para arrojarme a un piso superior donde no había aliento ni yo. El grito me apartó de la cama de mi Fabius muerto, lanzándome hacia lo alto, al vacío.

No puede ser, no es posible, mi vida yacía ante mí con los ojos muertos, mi vida, mi hijo, sangre de mi sangre, la vida que había de sobrevivirme, en la que yo quise pervivir, mi vida mejor, mi hijo espabilado, amado, por todos querido, yacía con los ojos muertos. Subía yo a la nada luminosa, subía arrebatado de ese cuerpo hacia una nada execrable, blanca como el infierno, que me asfixiaba sin matarme, que me acogía sin dejarme lo mínimo, nada, ni la piel que ya no sentía, ni mi cuerpo, que perdí al mirar los ojos muertos de mi hijo.

El grito que yo era no tenía fuerza para resistir, se apagó; mi garganta encendida era demasiado débil para seguir gritando, demasiado débil para, gritando, hacer volver a mi hijo. Es vergonzosa tanta debilidad, tanta falta de fuerza para estar en alguna parte. Tampoco podía aquel cuerpo sostenerse ya en pie. Se venía abajo, se doblaba. No es verdad, era lo que pugnaba por salir de aquella garganta, que no sea verdad, por favor, por favor, por favor. Sí, aquel cuerpo doblado rogaba, suplicaba irrealidad. Se doblaba junto a la cama donde yacía su hijo muerto, suplicando irrealidad.

La superficie de aquel cuerpo se había disuelto, se había escurrido en tierra de nadie, desde donde todo lo penetraba. Se doblaba, gemía, reptaba hacia el teléfono y llamaba al médico de urgencias, qué dice, dice: Mi hijo está muerto. Daba el nombre de la calle, el número de la casa, su apellido; algo decía su apellido, algo daba los datos. Llamaba a Christian llorando por el aparato, éste prometía venir enseguida. Estaba sentado junto al teléfono, el teléfono era rojo, el pasillo gris, su mano gris, era el ahora, y ese ahora estaba muerto.

Una luz azul relampagueaba en la niebla. La sirena de la ambulancia se acercaba, invadía todas las estancias. El timbre. El médico de urgencias con dos enfermeros. ¿Dónde está su hijo?, preguntaba alguien. Alguien escuchaba y señalaba el cuarto. Estaban ante la cama de Fabius. El médico le tocaba la mano.

¿Qué fue lo último que comió su hijo? ¿Qué le ha dado usted? ¿Ha tomado su hijo alguna droga? ¿Cuándo lo encontró?

Curioso, las palabras eran dardos, luces en la estancia, disparadas por una boca. Las palabras eran dardos; los oídos, embudos. Palabras dirigidas a alguien. Alguien que no estaba. Alguien que estaba sentado en el suelo y temblaba.

¿Alguna vez había hecho calor en el mundo? La casa se hallaba envuelta en nieblas, aquellas nieblas trajeron la muerte. ¿Quién las dejó escapar? ¿De veras había comenzado aquel día? ¿No era una noche interminable?

Decían palabras. Eran preguntas. Llevaban chaquetas rojas. Uno de ellos le sacudía los hombros a alguien.

¿Qué le ha dado a su hijo?

¿Qué había dado alguien a su hijo? Comida, había sido comida.

¿Cuándo habló por última vez con él?

¿Soy un yo, un usted? Yo soy alguien, ellos lo dicen. Se refieren a alguien. Me envían palabras dardo.

Sí, hablé con mi hijo. Antes de salir disparado por el techo con la luz blanca. Estoy en alguna parte allá arriba, en el techo, no sé más. Sí, le di de comer. No sé más. Allá arriba todo es blanco. Curioso, estando el día tan oscuro. Curioso, viendo cómo la niebla aplasta la casa.

Firmo un papel. El médico llama por teléfono. Los hombres se marchan. Quedo solo con aquel silencio de muerte. Fabius sigue acostado en su cama.

Miro por la puerta, veo su cara de cera, no, atrás, no veo nada, no veo nada, nada, nada.

El timbre de la puerta. Christian me abraza entre lágrimas. No comprendo cómo puedo tener cuerpo.

Después vuelve a sonar el timbre de la puerta. Dos hombres introducen un ataúd de metal gris en mi casa. Lo llevan a la habitación de Fabius. No puede ser. No puedo verlo. Christian me conduce al sofá. Habla con los hombres. Oigo cómo depositan el ataúd metálico en el suelo. Lo abren. Silencio. Trasladan a mi hijo al ataúd. Lo cierran. Murmullos. Christian abre la puerta. Sacan a mi hijo de la casa. Portazo de automóvil. Un motor se enciende en medio de la niebla. Christian está sentado a mi lado. No nos acercamos a la ventana cuando el vehículo arranca.

Fueron días sin luz. El aire no era aire, no había aliento capaz de echar a rodar la piedra helada en mi interior. La luz era una gasa sobre las cosas, una gasa que asfixiaba todo lo que aún latía. Silencio que ahogaba la médula de cualquier impulso, de cualquier paso en el pasillo.

Y, sin embargo, no estaba solo. Habían venido. Christian, a quien llamé en aquel minuto que se negaba a pasar, en aquel minuto en que vi los ojos muertos de mi hijo. Christian había venido, y me abrazó y acompañó en el llanto.

¿Cómo decírselo a la madre de Fabius? ¿Cómo decir a una madre que su hijo ha muerto? Cuando oí la voz de Anna al teléfono, un sollozo surgió de mi pecho. ¿Le ocurre algo a Fabius?, preguntó. Fue al aeropuerto enseguida. Llegó por la noche.

Estábamos sentados en un mar de luces de velas. Estaban ahí, ¿qué más podían hacer que estar ahí? Anna, Christian. Permanecíamos callados, perplejos; alguien dijo algo, se quedó en suspenso; nos hundíamos en el mar.

Anna y yo nos abrazábamos como dos seres fulminados por un rayo. Nuestro hijo estaba muerto, había muerto en mi casa, a solas conmigo, en el sueño.

Fabius no tenía un año cuando Anna me dejó. Yo la amaba, ¿pero qué significa el amor cuando se juntan dos que no pueden convivir? Su mundo cambiaba cada día. Lo que ayer se daba por supuesto, hoy ya era inimaginable.

Visité a Fabius siempre que pude. Iba con él al parque, observaba cómo jugaba en el cajón de arena y jugaba con él cuando me llamaba. Fabius era un niño pacífico. Cuando le decía que no se le quitaba la palita a otro niño, me hacía caso. Al menos, la mayoría de las veces.

Durante algún tiempo, Fabius me habló de un Frederic, al poco de un Peter, luego de un Klaus. De todos modos, se negaba a decirles papá.

Fueron días sin luz. La casa oscura era todo lo que quedaba del mundo. Por aquella casa se movían personas que yo conocía desde hacía tiempo, personas de confianza, amigos, y sin embargo estaba solo en el pozo negro de mi interior. Lo peor era cuando debía dormir. El sueño es un asesino. El sueño me ha robado a mi hijo. El sueño es veneno, que penetra sin ruido en mis venas. Me resistía al sueño, pero no tenía fuerzas, el agotamiento me llevaba de remolque a las cámaras oscuras. Me sumergía en aguas esperpénticas, me incorporaba de sobresalto, gritaba. No había refugio, no había escapatoria. El horror era omnipresente, se deslizaba por mis arterias, esperaba a que me venciera el agotamiento, a que estuviera completamente solo.

Nunca casa alguna fue más oscura que aquélla. Me arrastraba, huérfano de cuerpo, de la mesa al sofá y del sofá a la mesa. Todo era una masa espesa e incolora, hasta el tiempo se olvidaba de avanzar. Sólo soplaba el viento frente a la ventana, entre las piceas, que asomaban aún más amenazantes.

Días atrás, un pensamiento, una sonrisa, una mirada al jardín todavía me causaban una cálida corriente de alegría. Ahora todo se había enfriado. Estaba yo tan frío como un pedazo de madera muerta chamuscada por la negra llama.

Sentía la muerte, pero aún había algo. En alguna parte muy honda de mí aún ardía una chispa, un fuego de invierno. ¿Por qué continuar? ¿Para quién? Ya no había motivo.

Anna y yo, sentados a la luz de las velas, cerrábamos los ojos y contemplábamos a Fabius en su camino hacia el otro mundo. Lo veíamos frente a nosotros y lo vestíamos de luz, mientras rogábamos guía y compañía para él, para que no vagara sin norte allá fuera. Su alma había sido tan joven al emprender el largo camino, ¿cómo podía saber hacia dónde dirigirse?

Por la noche yacía yo como envuelto en telarañas. Las apartaba de la cara, pero era inútil. Tejían una malla cada vez más tupida alrededor de mi cuerpo.

Una mañana temprano, llamó a la puerta Sándor, un compañero de clase que Fabius había traído a veces a casa, un chico cariñoso, inseguro, con cálido acento húngaro. Sus labios se movían, parecía preguntar algo. Sólo sacudí la cabeza, luego mis rodillas se doblegaron. Anna me llevó al sofá. Habló con Sándor, inmóvil en el rincón y blanco como la pared. Preguntó si podía ver el cuarto de Fabius. Anna lo condujo.

Después, sentados todos alrededor de la vieja mesa de madera, el temblor de las mariposas moldeaba sombras en nuestras caras.

Al despedirse, Sándor, delante de mí, tenía la cara bañada en lágrimas; lo rodeé con el brazo.

Camino de la iglesia, oí muchos pasos, voces apagadas, a alguien diciéndome algo; no levanté la cabeza. En la iglesia, el vaho del aliento de tantos jóvenes se extendía hasta la última fila. El joven sacerdote habló de la esperanza de un reencuentro en el más allá, alguien sollozaba. Luego, Marc, el mejor amigo de Fabius, se acercó al atril y dijo entre lágrimas: Nunca te olvidaremos. En medio de un mar de sollozos resonó el *spiritual* de Pat Metheny tomado de *Beyond the Missouri Sky,* la pieza favorita de Fabius, su música del alma. Fui yo quien se la dio al cura, y ahora, al escucharla, mi petrificación se resquebrajó y me inundaron oleadas de sollozos insonoros. Anna me cogió la mano.

Al pie de la tumba abierta, Anna y yo nos sujetábamos el uno al otro. Había venido toda la clase de Fabius, todos nos habían dado la mano, vi zapatos, abrigos, apenas rostros: era incapaz de levantar la vista.

Mi hijo yacía en el ataúd, en el hoyo, bajo mis pies, mi hijo yacía en el ataúd frío de la tierra fría. No había palabras. No había colores. La gravedad misma estaba hueca por dentro.

Encontré fuerzas para pedir a Sándor que se viniera con todos los compañeros a un restaurante donde Christian había reservado varias mesas. Marc, Jerry y Gibou habían viajado desde lejos en tren nocturno para estar con nosotros ante la tumba en el frío del invierno.

A continuación, los amigos y compañeros de instituto de Fabius llenaron una sala entera junto con nuestros propios amigos.

Se bebió mucha cerveza, y cada uno de los presentes tenía en los ojos una añoranza muy personal: que el muerto volviera. Gibou, que había abandonado el instituto para trabajar en la tienda de su padre —¿era ésa la razón por la que parecía mucho más serio y maduro que los demás, que llevaban aún la infancia inscrita en la cara?—, se sentó al piano y empezó a tocar. Lo hacía tan bien que Marc cogió la guitarra y empezó a acompañarlo, eso sí, con tonos un tanto más ásperos, más duros. La vida joven removía sus cuerpos como de forma natural, al principio discreta y cautelosamente, luego resplandeciendo en muchas caras; la vida y su voluptuosidad intrínseca, la alegría de estar juntos ante la amenaza de lo efímero que los circundaba.

En medio de una animada conversación, un compañero de clase levantó su jarra brindando por Fabius, y entonces docenas de manos se cruzaron sobre las mesas chocando sus vasos.

Después, volvieron a sumergirse en un mar de palabras, de recuerdos, de risas, de lágrimas; en el mar de la muerte que conmemoraban, que temían, cuya proximidad sentían por vez primera y que ahuyentaban haciendo resonar juntos sus vasos muchas veces.

Desde el otro extremo de la sala, Julia se acercó a nuestra mesa; le pedí que se sentara con nosotros. Habló poco; la mayor parte del tiempo estuvo anegada en lágrimas. Le puse el brazo en el hombro. Tenía la sensación de que esta joven de los ojos llorosos había sido mi nuera, no casada con mi hijo pero sí profundamente vinculada a él.

Anna se sentó con nosotros y me abrazó a mí y también a Julia. Éramos una familia que nunca había estado reunida y sin embargo formaba una unidad. Anna me miraba, en sus ojos había un océano de amor y de pena que abarcaba el espacio del tiempo.

# 6

Tampoco en los días que siguieron quise ponerme al teléfono. Nada era tan importante como para tener que hablar.

Christian llamó a mi jefe de departamento y le dio la fúnebre noticia. Por lo pronto, quedé desligado de mis obligaciones de docencia.

Nada existía ya si no existía él.

La rabia tomó el lugar de la parálisis. La rabia se cebaba en… ¿en qué? ¿Cómo denominar lo que me había quitado a mi hijo? La muerte no tenía cuerpo, sólo era forma, transición, no tenía término. Que pudiera cerrar los ojos cien veces y decir «¡vuelve, querido hijo mío!» y que de nada sirviera… eso era lo que me hacía gritar de rabia. Que ahí estuviera la barrera de la muerte. La muerte, que me lo había quitado todo. Pero mi rabia carecía de estribo donde apoyar el pie. Costaba fuerza que yo no tenía. Volví a venirme abajo, aunque más vigilante ahora.

La muerte de Fabius no sólo era su extinción. Su muerte era la desaparición de todo un mundo. Era una vorágine que nos arrastraba hacia abajo. Nunca la tierra había sido tan frágil, tan superflua. ¿Por qué habría de soportarme cuando ya no había vida, ya no había nada?

Ellos estaban a mi lado, si bien alrededor de mí todo había quedado extinto. Ahí había una mano, una voz. Era Anna. Estábamos vivos.

No, era el negro nudo de la angustia el que estaba conmigo y me espantaba el sueño. Al despertar, me golpeaba en la cara.

Salí a la puerta de casa. La grava bajo mis pies se tambaleaba. En ninguna parte había suelo firme. Ahí estaba mi coche. No podía imaginarme que alguna vez hubiera sido capaz de conducirlo.

Llevaba en mi interior un círculo negro que oscurecía la luz. Volví a la casa, fuera estaba desprotegido. Pero tampoco la casa era ya la casa. Era una vasija de pena. Los huecos de las ventanas eran ojos, ojos cegados. El parquet era un amasijo de huesos crujientes. La muerte tenía poder incluso sobre las cosas. Éstas perdían sus contornos, se escurrían desperfiladas, abandonando su marco. Las cosas no tenían sentido, por fin lo captaban ellas mismas.

Algo que no se sabía qué era mantenía la casa en su lugar. Aunque cada día se hundía más en la tierra, aunque estaba ciega y aullaba, crujía, chirriaba y retumbaba como nunca, conservaba, al menos en apariencia, su armazón; las paredes seguían en pie, aunque la zarpa de la angustia las atravesaba como una vieja telaraña.

## 7

Fue el invierno más duro en mucho tiempo. Días y noches de nevadas casi ininterrumpidas. El jardín era un paisaje ignoto de dunas blancas. En la casa el silencio aumentaba cada día, volviéndose un cuerpo compacto que hacía presión contra las ventanas.

Fuera, en la calle, el estrépito ocasional de la pesada pala de un vehículo quitanieves sobre el asfalto.

Sólo la nieve iluminaba los días, pero les quitaba todo el espacio. ¿Los días? Una sucesión de oscuridades, de crepúsculos interminables, con cornejas en los árboles alrededor de la casa. Tiempo que se espesaba como una masa viscosa y desaparecía.

Me faltaba la sensibilidad para la mañana o la tarde. Las horas eran claras, luego de nuevo oscuras.

Dormía —no: caía en un pozo de angustia y horror— y yacía en vela.

Una vez puse la televisión, informaban sobre un pueblo de las montañas del Tirol que había quedado sepultado casi por completo bajo una avalancha de nieve. Se hablaba de docenas de muertos, la mayoría de ellos turistas esquiadores. Las imágenes eran demasiado crudas, demasiado próximas, me atravesaban sin que pudiera oponer resistencia. Tuve que apagarla. Mi temporal interior ya era para mí lo suficientemente ruidoso.

Cuando abrí los ojos, Anna estaba sentada a mi lado en el sofá.

Aquella vez te hice mucho daño, dijo, y quiero decirte que lo siento. Simplemente tenía miedo. Sobre todo, de la cercanía que me ofrecías. Siempre pensaba que era imposible que alguien me amara, que me iba a traicionar y que tenía que ser yo la que pusiera fin antes de que él me traicionara. Entonces me busqué a un Harald, con el que me fue fatal; pero estaba familiarizada con el fracaso, además, resultaba tranquilizador después de ese tiempo íntimo y profundo que pasé contigo. Cuando me fui, te grité a la cara que todo había sido un horror, que también el placer que manifesté en tus brazos había sido fingido, impostado. Quiero decirte que no era verdad. Fuiste mi primer y único gran amor. Y el placer que me hiciste sentir fue auténtico y maravilloso. Pero mi inquietud pudo más.

Tenía que salir de ese arropamiento que me ofrecías, tenía que intentarlo de nuevo en otra parte. Nunca he conseguido la paz ni he encontrado a otro hombre con el que haya compartido tantas cosas como contigo. Quería decírtelo ahora que el hijo de nuestro amor ha muerto. Siempre serás mi hombre amado, aunque te haya perdido porque quise perderte, porque estaba ciega para lo que tenía contigo y a través de ti.

Puso su mano en la mía, y cuando nos abrazamos teníamos lágrimas en los ojos.

## 8

Estuvo una hora sin nevar, y salí a dar unos pasos a la puerta de casa cogido del brazo de Anna. El aire estaba saturado de olor a nieve. Desde un árbol una corneja gritaba con tanta fuerza que se me estremecían todos los huesos. Qué rápidamente sentía escalofríos, pese a las muchas capas de ropa que llevaba encima. Al cabo de unos minutos apenas era ya capaz de sostenerme sobre las piernas. Había envejecido cien años. Anna me condujo de nuevo a la casa.

Unos días después, me llevó calle arriba y abajo; pasados otros días, me acompañó hasta el bosque, y por fin llegamos a adentrarnos un trecho en él. Al principio, el temblor comenzaba nada más salir del radio habitual. Un sismógrafo interior daba la alarma, se me encogía el corazón, las manos se enfriaban, las rodillas se aflojaban, los pies se entumecían. El sismógrafo quería que me mantuviera dentro de la cárcel de los paseos. Anna me cogió del brazo y me llevó más lejos.

Tienes que combatirlo, dijo, de lo contrario no saldrás nunca.

Asentí con labios temblorosos. El frío penetraba por mi boca, por la ropa, me atravesaba como si nada. Me di la vuelta. La casa estaba al alcance de la vista. Hacía semanas que no llegaba tan lejos. Miré a Anna, y pensé: aún estoy vivo.

¿Lo ves?, dijo ella, aún estás vivo.

El crepúsculo cayó deprisa, las siluetas de los árboles comenzaban a dilatarse. La noche lo absorbía todo.

Dimos media vuelta, mientras pensaba para mí: ya nada se arreglará. Venga lo que venga, no se arreglará.


Al día siguiente desperté con la sensación de tener un trozo de carbón negro y gélido metido en el pecho. Cuando me incorporé, una mano invisible me apretó la garganta. Me puse de pie y sentí como si un gancho se soltara en mi pecho, haciéndome caer a un cráter interior. Mi corazón parecía vuelto como un calcetín. Se embalaba en el vacío.

Anna se me acercó con ojos atemorizados. Estás muy pálido, dijo.

Traté de tomarme el pulso cardíaco. Corría desbocado sin que mi reloj pudiera darle alcance.

Anna salió al pasillo y llamó al médico de urgencias.

La sirena ante la casa. El médico de urgencias y dos enfermeros con el maletín desfibrilador en la sala. ¿Era una repetición de aquella mañana? No, yo estaba más tranquilo, no se trataba de mi hijo muerto, sólo era mi corazón.

En el monitor, la curva de mi electrocardiograma parecía el garabato de un niño furioso.

Me acostaron en una camilla. En la ambulancia hacía frío, me castañeteaban los dientes. El oxígeno de la mascarilla olía a pegamento. Sentada a mi lado, Anna me miraba con preocupación.

Ya verás como no es nada grave, dijo. Eres fuerte. Todo se arreglará.

Qué se puede arreglar ya, pensé yo.

En algún momento me levantaron de la camilla y me pusieron en una cama. Un monitor pitaba. Acostado en la cama de al lado había un hombre de rostro macilento con una mascarilla y, junto a él, un balón de oxígeno que se inflaba y se desinflaba.

Rodeaban mi cama varias personas de bata verde. Un médico me preguntó si era la primera vez que me ocurría.

Se trataba de una taquicardia ventricular acelerada con bloqueo de rama izquierda, según explicó, dirigiéndose más a su colega que a mí. Era absolutamente necesario parar la taquicardia porque podía desencadenar fibrilación en cualquier momento.

¿Cuánto tiempo lleva con taquicardia?, preguntó el hombre de verde.

Aproximadamente una hora, contestó Anna. Sí, estaba junto a mí y me sostenía la mano.

El médico le pidió que esperara fuera.

Lo vamos a dormir, dijo, volviéndose hacia mí, sólo es una anestesia breve.

Una enfermera le alcanzó una jeringa con un líquido blanco. Otra me clavó una aguja hipodérmica en el antebrazo. Una tercera pegó dos electrodos del tamaño de la palma de la mano en la parte derecha de mi pecho y en mi costado izquierdo y programó el desfibrilador.

¿Listos?, preguntó el médico. Cien joules, enfermera.

¿Dónde está Anna?, pregunté yo.

Está esperando fuera, dijo la enfermera. Enseguida podrá volver a estar con usted.

Por detrás, alguien me colocó una mascarilla negra de oxígeno en la boca.

El médico insertó la jeringa en la aguja.

¿Y si no despierto?, pregunté.

No se preocupe, va a despertar enseguida, dijo el médico.

Por favor, enfermera, deme su mano, dije yo.

Un ardor en el brazo, y el mundo se alejó.

Desperté de una nada entumecida. Tenía los párpados pesados. ¿Merecía la pena abrir los ojos? Una campana dio cinco, siete, ocho toques. Pero si no vivimos al lado de la iglesia. Es una campana fea, la calidad hoy en día no cuenta. Suena una segunda campana, con toques más rápidos. ¿No hay nadie que pueda pararla?

Abrí los ojos. Anna estaba sentada a mi lado, sosteniéndome la mano.

Al día siguiente me encontré sujeto a una mesa de operaciones, el médico me desinfectaba la ingle izquierda y me inyectó anestesia local. Seguidamente, introdujo el catéter en la aorta. Traté de no pensar que tenía la sonda en el corazón, mi núcleo más íntimo, más sensible. El médico indicaba una serie de números que un asistente invisible registraba con un aparato en la sala contigua. Mi corazón esprintaba en una carrera solitaria.

El médico inyectaba algo, el mundo se alejaba y se volvía pesado. Yo estaba ahí, ¿pero dónde estaba ese ahí?

En algún momento el médico dijo con voz cambiada: ¡Descarga! Al cabo de una eternidad dijo: ¡Alto! Luego de nuevo: ¡Descarga! Y de nuevo: ¡Alto!

Yo yacía en un estado crepuscular, en la palma de la mano de Dios. Sí, me hallaba en un espacio intermedio. Y a ese espacio asomaba la imagen de mi hijo flotando con lentitud hacia una luz incierta. Parecía completamente libre de miedo y en sus labios se esbozaba una sonrisa. Era mi hijo al que veía flotar hacia aquella luz. Oía en lo más íntimo de mí un sollozo. No puedes dejar a tu hijo marcharse así como así, decía para mis adentros. El que transita hacia la luz es Fabius, tu querido Fabius. ¿No te gustaría pasar todavía algún tiempo con él? ¿Días, semanas, tiempo de vida? Yo no tiro mi vida, ¿pero está en mis manos? ¿Manos? Yo estoy en manos de otro. Producen quemaduras en mi corazón. Estoy en manos de la corriente y de sus hombres. Pero la luz que veo es más clara que cualquier corriente.

Quiero estar contigo, Fabius, no quiero otra cosa que poder estar contigo, sentir tu mano en la mía, caminar en la brisa del verano, tú y yo, y nada más. ¿No quiero nada más? ¿No es muchísimo? ¿A quién le interesa lo que yo quiera? Me encuentro tumbado en esta mesa, están quemando con una sonda mi corazón, la luz se va apagando y estoy solo.

¿No me habían dicho que procurarían localizar las partes defectuosas de la pared interna del corazón y cauterizarlas con la corriente? Yo estaba en manos de Dios. Cuatro milímetros, pensé, el grosor de la pared del corazón es de cuatro milímetros. Y ellos queman hasta una profundidad de tres.

Si me perforan, la sangre penetrará en el pecho y tendrán que abrirme el tórax para sacarme de la palma de Dios. Si me perforan.

Ocurre muy rara vez, me había dicho el médico, pero constaba entre los riesgos enumerados en la hoja que me hicieron firmar. Que aconsejaban encarecidamente una ablación, habían dicho, ablación que estaban practicando ahora. Me hallaba sujeto a la mesa de la sala de catéteres.

Tenía que permanecer quieto. Ellos estaban en mi corazón. Quemaban con la corriente. Ahora. Completamente quieto. Me encontraba en la palma de Dios. Le confiaba mi vida. ¿Está Fabius contigo, a quien confío mi vida? Si vienes a por mí, llévame con él. Haz que esté con mi hijo.

Me empujaron por pasillos de luz sucia. No había cielo. Tampoco aire. Sólo aquella luz sucia que no alimentaría a nadie. ¿Qué otra cosa se puede hacer bajo aquella luz que no sea morir?

Tenía yo brazos pero no los utilizaba. Tenía también piernas en alguna parte, no sabía nada de ellas. Aún tenía ojos, ojos que no veían nada esencial.

Me empujaron bajo un monitor y me conectaron a una serie de cables. Alguien me preguntó si quería un analgésico. Dije que no, nunca tomo analgésicos. Mi pecho se encontraba bajo un quintal de carbón. Cien minúsculas respiraciones más, y ya eran dos quintales. Quintales con agujas. Muchos pinchazos ardientes, cada vez más pinchazos. Yo era un cuerpo. Sí, lo era, no lo tenía. Mi cuerpo era el límite, aún me mantenía de este lado del espacio. Pero, ¿qué era ese límite? ¿Dónde comenzaba el espíritu?

El dolor me reducía a un pedazo de carne. Costaba trabajo ser un pedazo de carne porque sentía lo insignificante que era. Porque alguna vez yo había sido algo más. ¿En qué abismo había desaparecido mi vida?

No pulsaría el timbre para pedir un analgésico, cerraría los ojos y volaría a un país sin dolor. Volaba tras la cobertura de mis ojos. Volaba a un país de copos blancos como plumas de edredón, pero mucho más blancos y livianos. Los copos revoloteaban a mi alrededor, me llevaban y me desligaban de la cama, estaban dentro de mí.

Me disolvía en muchos copos, el dolor de mi pecho se iba con ellos. Todo era luminoso y liviano. La luminosidad formaba un círculo en cuyo centro yo volaba. ¿Yo? Algo había ahí, de lo contrario yo ya no estaría. Sólo que, ¿dónde estaba ese ahí?

¿Me encontraría con mi Fabius en aquel país? Sería feliz por poco que me reuniera con él. ¿Dónde estaba la mano de Dios? Yo no era más que luminosidad, y me preguntaba por qué me preocupaba. Todo era luz, y tampoco el dolor era más que una nada. Y la nada era liviana, tan liviana como yo mismo en ese instante interminable.

Sonó una campana y me despertó, mi edredón tomaba tierra suavemente. Me separaron de la luz, no estaba donde estaba mi hijo: aterrizaba en una cama bajo un campanario que era un monitor en un cuarto con muchos cables y oxígeno que olía a pegamento, con un corazón en el que habían hecho agujeros sin detectar su esencia.

Los záparas, una tribu indígena del Amazonas, se sientan al fuego antes de la salida del sol y se cuentan sus sueños. Sólo entonces puede comenzar el día. Si los sueños son buenos deciden ir de caza. Los záparas eran antes cien mil. Hoy quedan doscientos. Su antiquísimo idioma lo hablan cinco adultos.

Los záparas sueñan su vida antes de vivirla. ¿Será por eso por lo que están a punto de extinguirse en este mundo sin sueños?

## 9

Transcurrido un mes, me aventuré por primera vez solo en el bosque. Me había comprado un teléfono móvil, así me sentía más seguro. Si caía muerto, llamaría a Urgencias para comunicarles que había caído muerto.

Los árboles aún no tenían hojas, pero los retoños no tardarían en brotar. Bastaría con unos pocos días de calor. Sin embargo, el más oscuro de todos los inviernos aún no estaba vencido.

Había recorrido aquel camino del bosque infinidad de veces, y ahora parecía como si nunca lo hubiera hecho. Como si volviera de un largo viaje por un país ignoto del que no había nada que contar y tratase de estar ahí de alguna manera. Al menos mi sombra lo estaba. Si yo temblaba, si la angustia salía de la nada para devorarme, eso significaba que allí había algo, que había algo más que la nada. Sí, algo había. Ese algo, hacía poco, aún había sido yo. Ese algo estaba borrado y ahora caminaba por el bosque como algo distinto, como alguien diferente. Si aprendía a aceptar que, no siendo ya nada como había sido, yo tampoco era ya el de antes, entonces se abriría una esclusa. Fuera quien fuese quien ahí estaba, tenía que ser alguien. Quizá yo fuera capaz de acostumbrarme a él.

Primero, sin embargo, quería aprender a recorrer solo ese camino del bosque. ¿Yo? Fuera lo que fuese, alguien andaba solo por aquel camino, con la mano en el bolsillo del abrigo junto al teléfono móvil.

Había andado por aquel camino con Fabius pocos días antes de lo sucedido. Había sido él quien me había preguntado si podía acompañarme. Me había sentido feliz, pues a qué chaval de diecisiete años le gusta dar un paseo con su padre. Y por primera vez en años llevaba un pantalón cuya entrepierna no colgaba a la altura de las rodillas. Me asombraba de que caminara a mi lado, estaba orgulloso de él y daba las gracias a la vida por haberme dado aquel hijo.

Aún no había entendido del todo mi nueva situación, apenas comprendía todavía que en adelante ya no estaría solo, que ahora Fabius vivía conmigo.

Todo había ido tan rápido después de muchos años de haber ejercido de mero padre visitante. Me asombraba y me conmovía la confianza que me tenía mi hijo, a pesar de que todavía no me la hubiera ganado. Fabius, que sólo me conocía como sombra de paso, me aceptaba ahora como padre; por lo menos, lo hacía su mano, que buscaba la mía.

Estaba orgulloso de mi hijo, orgulloso de su belleza y de su fuerza, pues había ocupado su lugar en la clase, su lugar en aquella gran ciudad extraña, como si fuese lo más natural; sí, con tanta naturalidad y tanta rapidez que el miedo oculto y latente aún no se había declarado.

Era un largo camino hasta aquel bosque, un camino a través del tiempo.

Fabius me habló de una chica. La había besado en el autocar durante una excursión escolar con otras dos clases. Ambos habían bebido y dentro del vehículo estaba oscuro.

Pero no sólo había sido por el alcohol o la excursión. Al día siguiente, la chica seguía sin salir de su cabeza, y al verla caminando cerca de su aula, se le desbocó el corazón.

Dijo que lo había mirado de una manera extraña, casi como si no lo conociera.

Me preguntó qué hacer. Acércate a ella, le dije, dile lo que sientes.

Es embarazoso, dijo él.

Es valiente, repliqué yo. Quizás primero quiere ponerte a prueba. Estar segura de que eres aquél. Si muestras valentía, habrás ganado. Ser valiente no significa ser pesado. Ya lo verás. Ella vendrá.

Pocos días después, me enseñó sonriendo la foto de una chica hermosa. Miraba a la cámara con esa conciencia de mujer joven que aún no sabe si el mundo acabará siendo definitivamente suyo.

Fabius estaba cambiado. Iba más ligero, corría por la casa como el viento, y su paso decía que se sentía a gusto.

La llevó a casa. Era Julia. Entró tímidamente, como contando con ser rechazada. Al principio evitaba mi mirada. Fabius le cogió la mano y la condujo a su habitación.

## 10

Lo conocían desde hacía poco, desde el otoño escolar. Había venido del otro extremo del país —¿por qué, en realidad?— para vivir en la capital y estudiar en el instituto, hacia el que enfilaba cada día con paso cansino y con desgana evidente. Mañana tras mañana, mucho después de comenzar las clases, la puerta del aula se abría de un tirón y entraba indefectiblemente el nuevo, pálido y con el pelo despuntando en todas direcciones; llevaba su viejo pantalón tan bajo que, cuando se agachaba, destellaba el color de su calzoncillo; tenía, colgada de la nuca, una tira de cuero con una estrella de Mercedes y, en la cabeza, una gorra plana de cuero marrón.

Hizo amigos en poquísimo tiempo. Aunque originario de la llamada provincia profunda —¿quién de los que se criaron en la capital iría allí por voluntad propia, a menos que fuera para esquiar o, en verano, de paso por la autopista camino a Francia?—, aventajaba a los capitalinos por un punto de desenfado y algo más, algo que nadie supo decir con palabras, su personalidad, su condición de Fabius.

Su «¡qué va!», empleado con desparpajo y laconismo, era más que una pose; de algún modo, el chico parecía estar libre del mundo. Aún no se habían encontrado a uno como él, uno tan encarrilado en su camino. En una foto de clase aparece, como si fuera lo más natural, en el centro del plano y del grupo.

A las pocas semanas de iniciarse las clases, en un procedimiento que duró varias horas, se hizo trenzar el pelo en rastas, rastas que trató de desenredar dos semanas después.

Era una estampa singular cuando, los sábados, partía con su enorme mochila descolorida —sólo quería ésa— llena de latas de cerveza, sus pantalones caídos salpicados de rotos, la estrella de Mercedes al cuello y la gorra de cuero calada en la frente, para encontrarse con sus «colegas», como los llamaba, y «calentar motores» para la noche, antes de que, entrados en calor, se dirigieran a un club donde la cerveza era demasiado cara como para emborracharse.

Al principio, Fabius no lo tuvo fácil en la gran urbe. Había dejado atrás a sus amigos en una fase en que eran más importantes que cualquier otra cosa. En la capital no conocía a nadie de su edad y nos acompañaba a mí y a mis amigos a los cafés. No era lo que necesitaba. Sólo cuando entró en el nuevo instituto conectó con personas de su edad, y eso desde el primer día de clase.

En cierta ocasión en que habíamos quedado en un café del centro, me lo encontré sentado con dos hermanas: Olivia, coetánea suya, y Margaretha, de trece años. Las dos lo admiraban, como revelaban sus miradas; buscaban su cercanía. Cuando me senté con ellos, ninguna de las hermanas mostró la menor reticencia, sino que ambas se comportaron con natural desenvoltura.

Aquello me extrañó, pensando en la edad que tenían y en lo violento que me había sentido yo en presencia de los padres de mis amigos. Habiendo tenido un padre muy estricto, daba por supuesto que los padres de los demás tendrían rasgos igualmente duros y fríos. Por una vez, el tiempo había hecho una buena acción: la vieja guardia autoritaria de la generación de mis padres había cedido su lugar a otra de progenitores más blandos. Se notaba por la naturalidad con que los jóvenes trataban a los padres de sus amigos.

En la conversación, aunque no por el acento, pues sabían disimularlo sin esfuerzo, se vio que las dos chicas procedían, al igual que nosotros, del extremo opuesto del país, lo que nos unió enseguida. Iban y venían entre la casa de su madre, residente en la capital, y la de su padre, que vivía en la provincia. Fabius ya había acordado con ellas que alguna vez se encontrarían «en la provincia», donde cualquier cambio, cualquier aire nuevo, eran bienvenidos.

Olivia y Margaretha congeniaban con Fabius también en asuntos escolares, porque, lo mismo que él, eran malas alumnas y cada año estaban en un tris de repetir curso. Margaretha corría peligro de ser expulsada del centro porque se había dejado coger con un porro en el instituto. Iba muy maquillada, sostenía su cigarrillo como en una película de las de antes, llevaba el pelo al estilo de una *vamp* de cuyo nombre no me acordaba, y su golpe de pestañas bastaba para hacer descarrilar un tren. Tenía trece años, pero probablemente era la mayor de la mesa.

Hacía semanas que ningún rayo de sol penetraba la plomiza capa de nubes. La ciudad se extendía sin cuerpo en una grisura sucia, sus perfiles se difuminaban y desaparecían como en un cuadro pintado por un principiante sin esmero alguno. Cada día me sentía menos a mí mismo, parecía que mi luz interior perdía claridad por momentos.

No podía dejarme caer, como si aún viviera solo. Era responsable de Fabius, y ese pensamiento me enderezó la espalda e infundió un calor nuevo a mi cuerpo.

Después del trabajo, daba mis vueltas por la periferia urbana, y cada vez más a menudo Fabius caminaba a mi lado y dentro de mí fluía el calor de la alegría. Caminábamos juntos en el crepúsculo, cuando él venía del instituto. Puede que sólo buscara diversión para no tener que hacer los deberes.

Nuestras caminatas juntos nos acercaron, Fabius se volvió más conversador y me hablaba de sus amigos, de Julia, sin que yo le interrogara. Preguntaba cómo había sido lo mío con su madre y por qué no habíamos seguido juntos. Le conté que Anna fue mi primer y más grande amor, que yo había tenido la esperanza, la seguridad absoluta, de que nuestro amor perduraría hasta el final de nuestros días. Eres un hijo del amor, le dije, y él me miró con un brillo radiante.

Quiso saber por qué no habíamos seguido juntos. Éramos muy jóvenes, dije, no sabíamos nada del amor ni del tiempo. Yo creía que nada era más fuerte que el amor, pero ignoraba que el amor era una planta que necesita su alimento diario. No hablábamos porque no sabíamos lo que nos sucedía. Yo estaba demasiado centrado en mí mismo, en mis estudios. Y nadie nos ayudó. Nadie nos abrió los ojos. Me equivoqué de camino en la bifurcación crucial. No sabía que la mujer examina al hombre. Lo observa, y si él por enésima vez no tiene la fuerza de hacer lo correcto, ella toma su decisión. Él no sospecha nada, pero ella una mañana lo abandona. El hombre cree hasta el final que todo va bien. No entiende.

Pero qué estoy diciendo, dije. No quiero inquietarte. Estás en los mismos comienzos. Tienes la oportunidad de hacer lo correcto.

Asintió en silencio. Quiero hacer lo correcto, dijo.

Yo estaba feliz de caminar con él a mi lado. Gracias a esas conversaciones no estaba perdido. Nada estaba perdido.

A veces, avanzada la noche, Fabius salía de su cuarto, donde pasaba horas tocando la guitarra —naturalmente, no había hecho los deberes, lo sabíamos los dos, y dependía de mí si tragaba saliva o estropeaba el ambiente pidiéndole explicaciones—, y me preguntaba si íbamos a tomar algo.

Nos enfundábamos los abrigos y nos dirigíamos a un bar de copas. Me sentía tan feliz de que quisiera estar allí conmigo tomando una cerveza, a una edad en que yo había perdido todo nexo con mis padres.

## 12

¿Será que viví durante años tras una cortina, ciego para lo que tenía enfrente? ¿Ciego como cuando Fabius me miró por primera vez con sus ojos buscadores que, según decía en mi guía de cuidados para bebés, podían distinguir poco más que sombras? Y sin embargo tuve la sensación de que aquella mirada salía de las profundidades del universo y estaba dotada de una capacidad de asombro que era más antigua que este mundo.

Cuando nuestras miradas se encontraron, la mano de la vida me tocó muy suave, muy cálidamente; me mantenía yo de modo distinto sobre las piernas, junto a la cama de Anna, la mujer que me había dado un hijo, siendo ella misma casi una niña todavía. En efecto, parecía más joven de lo que jamás la había visto, resplandecía en sus ojos la chiquilla que llevaba dentro, redimida, feliz, exhausta.

De pronto, me hallaba formando parte de una cadena de hombres que sostenían por primera vez a su hijo en brazos, como antaño debió de sostenerme mi propio padre y el suyo, mi abuelo, debió de sostenerlo a él, en aquel último año de la Gran Guerra, sin saber cómo sacaría adelante a su criatura.

Yo ignoraba lo que era eso, un hombre. Aún no me había emancipado de la poderosa sombra de mi padre. Hasta que llegó aquel instante. Fue mi hijo, el ser más bello, más necesitado de protección, visitante venido de la estrella remota de la unión entre el hombre y la mujer, el que me hizo hombre.

Reminiscencias, instantáneas de la crónica de un amor:

Fabius sollozando como para desgarrar el alma cuando Anna y yo discutíamos por una fruslería, pues en aquel entonces cualquier motivo, por nimio que fuese, bastaba para que ella me mandara a paseo —seguramente, durante el rato que había podido pasar con él, yo había hecho algo que rompía los esquemas de Anna—.

Fabius, con el horror reflejado en los ojos, permanecía de pie en el pasillo cuando yo enfilaba hacia la puerta. Su cuerpo retemblaba y se doblaba por los sollozos, ni Anna ni yo éramos capaces de consolarlo con nuestros abrazos. Era el agotamiento el que lo hacía recomponerse, mientras seguía gimiendo para sus adentros durante un buen rato.

¿Qué estábamos haciendo? ¿En que nos habíamos convertido? ¿No había sido justamente eso lo que queríamos evitar? ¿No habíamos querido dedicarnos a nuestra criatura con todas las fuerzas y todo nuestro amor?

Fabius a los ocho años, sentado en mi regazo y sosteniendo con orgullo el volante de mi coche por un camino rural. En las curvas lo giraba desaforadamente y volvía de vez en cuando la cabeza hacia mí para ver qué me parecían sus artes de piloto. Con las ventanillas abiertas oíamos el canto vespertino de los grillos. Era verano, el camino estaba bordeado de cañas altas. Cuando paramos y apagamos el motor para seguir a pie, envueltos en el aire cálido y húmedo del cañaveral, las ranas croaban a nuestro paso.

¡Qué orgulloso estaba aquella vez que me cogió la mano delante de su escuela! No lo había visto entre la multitud de niños hasta que salió corriendo hacia mí con su mochila en la espalda, galopando y luciendo radiante su aparato dental, agarrándome la mano y mirando de reojo en dirección a sus amigos: Fijaos, ¡sí que tengo padre!

## 13

Pasamos las vacaciones de Navidad en la montaña, en la casa de mi infancia, a la que había ido con Fabius repetidas veces. Una tarde, después de hacer snowboard con unos amigos, llegó con Marc. Encendimos un fuego en la chimenea, y Fabius, como de refilón, contó que en la cola del telesquí de repente se había «mareado». Pregunté detalles. Dijo que de pronto había sentido las cosas muy lejos de sí, y que al abrir los ojos se había encontrado tumbado en el suelo. Quedé muy preocupado por la noticia, pero como le habían hecho un chequeo pocas semanas atrás creí que podíamos esperar hasta después de las vacaciones para someterlo a un nuevo examen médico.

Por las noches, tal como habíamos hecho en muchos inviernos anteriores, caminábamos por la nieve crujiente, nos deslizábamos en trineo y contemplábamos el cielo estrellado, tan claro que parecía que las estrellas fugaces caían en nuestros brazos extendidos.

En aquel entonces, y a lo largo de los años, tanto en invierno como en verano, paseábamos de noche por la montaña. Era un caminar diferente. Guardo dentro de mí esta imagen:

Por el altiplano, encima del lago de la montaña, caminaban de noche un hombre y su hijo adolescente. La luna relucía detrás del bosque, algunos rayos calaban la espesura de troncos y jugaban en sus rostros. Hablaban poco. Sus voces se deslizaban suavemente a ras de la grava del camino y se fundían con el rugido del torrente al que se iban acercando.

Siguieron el camino hacia la ladera, caminando a la sombra del bosque. Parecía que aquel bosque giraba con ellos, mientras la luna seguía sus huellas como si no quisiera perderlos. Los dos bordeaban el hálito del viento, cuyas ráfagas mansas descendían al valle. Daban muy seguros sus pasos y estaban muy cerca el uno del otro bajo la quieta iridiscencia del astro, en aquel altiplano que para el hombre se había convertido, desde la niñez, en imagen de arropamiento, de proximidad telúrica, de silencio nocturno. Y la querencia del padre por el altiplano se trasladaba profundamente al hijo.

Fabius y yo éramos aquel altiplano. Cuando el mundo aún existía. ¡Cuántas noches caminamos allí arriba! El bosque girando en nosotros, la luz de la luna centelleando en la nieve. Con luna nueva, la cúpula de la Vía Láctea extendida en lo alto. Le explicaba las pocas constelaciones que conozco. Las mirábamos de pie, con la boca abierta y la cabeza reclinada. Subíamos por el camino y nuestros pasos crujían en la nieve vieja y dura.

Nuestras noches de montaña eran nuestro espacio propio, sólo nos pertenecían a nosotros. Mantenían un fuego silencioso en nuestro interior. Nos llevábamos la ilusión de las próximas marchas bajo el cielo estrellado a la ciudad, al estruendo del metro, al tráfago de las calles.

De vuelta en casa, nos calentábamos junto a la chimenea y hablábamos hasta muy entrada la noche. Julia estaba presente en todas las conversaciones. Fabius me preguntó si creía que él, actuando como actuaba, se comportaba bien con ella. Confía en tu sensibilidad, dije yo, entonces te comportarás bien. Y dile lo que piensas.

En Nochevieja recalamos con Marc y un amigo mío en un sótano habilitado como bar particular. No conocíamos a nadie. Fabius y Marc asumieron el papel de pinchadiscos y lo disfrutaron visiblemente. En un momento determinado me encontré de cara con Eva, a la que hacía años que no veía. Estaba borracha y, mirándome con ojos aletargados, dijo que quería bailar conmigo. Inventé una excusa. Un minuto después, la vi bailar con Fabius, quien la llevaba como si aquello fuera lo más natural del mundo y me echaba miradas de complicidad.

El último día de las vacaciones, Fabius y yo regresamos en coche a la ciudad. Escuchábamos Pat Metheny, *Beyond the Missouri Sky*. Tramontaba el sol, sumergiendo el paisaje invernal en un rojo intenso que rápidamente se mudó en un blanco azul. El número final del disco, el *spiritual*, me transportó al pasado de una plácida noche de verano: había salido con Fabius en coche a la campiña de la periferia, conducía simplemente por conducir; oíamos por la ventanilla abierta el escandaloso canto de los grillos. Metí el cedé de *Beyond the Missouri Sky*. Cuando empezó a sonar, Fabius cerró los ojos. Estaba en otra parte. Volaba sobre la tierra. Al acabar la canción, me pidió que volviera a ponerla.

Conducir, dijo, simplemente conducir, siempre. Sin detenerte.

Atravesé la mansa noche de verano.

Llevábamos varias horas conduciendo por la autopista en dirección este, hacia la ciudad y nuestro día a día. Fabius tenía clases al día siguiente.

Ahora habría que irse al mar, dije para mí. Y Fabius: ¡Eso, hagámoslo!

Me había metido en un aprieto argumentativo. Invoqué sus clases, cuando era obvio que él no tenía ningún interés en aquellas clases. ¿Y qué harías tú allá abajo, en el sur?, pregunté.

Ya se me ocurriría algo, dijo Fabius.

Venció el principio de la realidad, venció la razón, y seguí rumbo a la ciudad cenicienta. Tenía en mí una pena muda, pues sentí que aquel día todo habría podido cambiar. En el fondo, ninguno de los dos queríamos volver, sino salir al ancho mundo, caminar juntos por la playa, viajar a los países de los que le había hablado, sin que Fabius los hubiera visto jamás.

Podría haberle mostrado que no se había equivocado conmigo, que me movía por la vida con ligereza, como él creía que hacía, y que podíamos partir en cualquier momento, adonde fuese. Pero tomé el desvío de la razón… o de la cobardía.

## 14

Después de nuestro regreso, Fabius se desentendió aún más del instituto. Había perdido todo interés. Le ofrecí buscar un profesor que impartiera clases particulares, pero lo rechazó. Ya daba por perdido el curso. En cambio, se pasaba cada día tocando la guitarra durante horas. Ponía *Beyond the Missouri Sky* e improvisaba sobre las piezas. Su interpretación mejoraba por días.

Acordamos que si no pasaba el curso se prepararía para el examen de ingreso al Conservatorio. Yo dudaba en mis adentros de que jamás tuviera la disciplina necesaria para la carrera de músico. Pero eso no tenía importancia. Lo esencial era que hubiese encontrado su forma de expresión. Y que la estuviera disfrutando.

Una mañana, se quejó de dolor de cabeza y de los huesos. Tenía fiebre y se quedó en la cama. Aquel día, su clase se iba de excursión y a Fabius le habría gustado participar. Le preparé la comida, le llevé infusiones a la cama. Durmió casi todo el día. Hacia el anochecer la fiebre subió a 38,5. Le di gotas homeopáticas y decidí llevarlo al médico al día siguiente. Le tomé el pulso. Noté que de vez en cuando su corazón tropezaba, pero lo atribuí a la fiebre y me pareció normal. Me senté junto a su cama. Nunca olvidaré lo que me dijo: Ten cuidado de no contagiarte.

Después de la cena volvió a quedarse dormido. La puerta permaneció abierta, yo estaba sentado en la sala, con los oídos puestos en su cuarto por si me llamaba.

Hacia la una de la madrugada entré a hurtadillas en su dormitorio para echar un vistazo. Fabius estaba despierto, la fiebre había bajado. Me dijo con cariño que podía acostarme tranquilamente. Le dije que dejaba la puerta abierta, también la de mi habitación, y si me llamaba acudiría enseguida. Así pues, fui a acostarme.

Aquella noche dormí como sobre una colina ventosa. El aire me atravesaba los huesos, me enfriaba desde dentro. Cuando abrí los ojos sentí un miedo sin nombre. ¿Acaso Fabius me había llamado sin que yo lo oyera? Reinaba en la vivienda un silencio horroroso.

## 15

Sólo queda el recuerdo, la memoria, el espacio interior, que nadie puede quitarme. ¿Que nadie puede quitarme? ¿Acaso la irrupción de la catástrofe en mi vida no aplastó mi espacio interior? Vivo en un túnel de imágenes angustiosas e inmutables.

Les opongo las otras, las imágenes del amor por mi hijo. Acuérdate, agárrate a la vida, sólo en el recuerdo permanecemos. Acuérdate del verano en Vence, cuando Fabius tenía doce años, llevaba una camiseta con Beavis y Butt-head, le gustaba la comida basura, veía *Los Simpson,* adoraba el mar y prefería jugar al flipper que recorrer conmigo tierras del interior antes de que el calor reverberara sobre el paisaje.

En una ocasión logré sacarlo de la cama a las seis, y me acompañó medio dormido a la luz tersa y tenue del alba por un camino de senderistas que atravesaba el matorral en dirección a Tourette, sin parar de quejarse de que no bajáramos a la playa. Llegamos a Tourette antes del calor, Fabius tuvo una Coca Cola, un helado y su querido petisú, tomamos el autobús de vuelta a Vence, recogimos las toallas para la playa y bajamos al mar, donde jugó horas enteras con las olas, donde nos enterramos mutuamente en la arena, comimos helado, jugamos al flipper en un chiringuito y nos reímos muchísimo. No quiso saber nada de otra caminata matinal, la luz del alba lo traía sin cuidado.

Así que yo salía a caminar solo al amanecer, no sin dejarle el desayuno en la mesa, pero cuando volvía a última hora de la mañana él seguía en la cama o frente al televisor y no había tocado su comida.

¿Por qué no vives con mamá y conmigo?, preguntó una tarde en que, después del flipper, estábamos tomando una Orangina bajo un plátano. Al preguntarlo parecía muy adulto, ya no era un niño en aquel instante, aunque hacía un minuto aún chillaba de alegría por la elevada puntuación obtenida en el juego.

Me gustaría mucho vivir con vosotros, contesté, pero lamentablemente no es posible. Le cogí la mano, pero la retiró.

Tu madre y yo, continué, nos queríamos mucho, pero lo teníamos difícil. Nadie nos ayudaba,

64

todavía íbamos al instituto, no teníamos dinero; no sabíamos cómo serían las cosas.

¿Era tan difícil por mi culpa?, preguntó con tristeza.

No, Fabius, tú eras nuestra dicha, lo más querido en el mundo, y lo sigues siendo.

Entonces puso una cara radiante, con un brillo tan intenso en sus ojos como si detrás del mismo habitara un alma ancestral que viera y comprendiera mi impotencia.

Aquella noche me quedé largo rato en vela. Me sometí a un duro examen de conciencia. ¿Realmente le había dicho la verdad? ¿Sería capaz de vivir con él y su madre, ser padre, no sólo desde la distancia, sino de cerca, estando siempre dispuesto a prestarle mi oído? Tenía yo una imagen romántica de la condición paterna, y de la familia en general. Era un soñador, siempre lo había sido.

Fabius me caló, pero fue condescendiente. ¿Sería que jugaba al flipper sólo por mí, que sólo por mí se hacía pasar por niño cuando en realidad era más maduro que yo? A veces me miraba como si todo estuviera dicho, con una sabia pena por el tiempo que nunca pasaríamos juntos, pues él sabía que en el fondo yo era un eterno adolescente, incapaz de vivir con una familia. Así reflexionaba yo aquella noche.

## 16

Eran muchas las cosas que podía aprender con Fabius. Me enseñaba con soltura admirable cómo vivir en el presente y cómo bandearse entre dos mundos —el mundo como hijo de Anna y el que ahora tenía conmigo—. No comprendí del todo lo que le había exigido con el traslado a la gran ciudad y con separarlo de sus amigos.

Durante horas, días, se dedicaba a tocar la guitarra en su cuarto, descuidando por completo el instituto. ¿Qué otra cosa iba a hacer? Se encontraba en una fase de cambios fortísimos en su vida, se había ido a vivir con su padre, quien durante años no había sido más que su padre visitante, había cambiado de instituto, se había mudado a una gran ciudad donde no conocía a nadie. Todos estos pasos los había dado en un solo salto.

Le costaba enormemente asentarse en su nueva vida, de modo que no le quedaban fuerzas para el instituto. Además, su rendimiento escolar había bajado de forma notable desde el comienzo de la pubertad, disminuyendo cada año más, hasta que, en términos de expediente, acabó en el escalón más bajo de la jerarquía de la clase.

## 17

Varias semanas después del entierro me llamó Sándor para preguntar si podía volver a ver el cuarto de Fabius con unos compañeros de clase.

Nunca habían estado tantas personas en aquella casa de la periferia occidental de la ciudad. Diez chicos, entre ellos Sándor, Julia y dos chicas más. Unos vinieron para volver a ver, otros para ver por primera vez, el cuarto donde había vivido Fabius, el balcón en el que había fumado. Para tocar la guitarra con la que había tocado tardes enteras sus ritmos hipnotizantes. Para tocar sus bongos. Escuchar sus cedés. Ver sus fotos.

La larga mesa procedente de una taberna de Alsacia estaba repleta hasta los bordes de botellas de cerveza. En el pequeño balcón se fumaba y se debatía. Fue Boris quien pronunció la palabra «fascismo», metiéndose en apuros para definir el término. Hofi, militante del grupo Jóvenes contra el Racismo, discutía intensamente con él. Los demás, cada uno con su botella en la mano, bromeaban sobre los dos. Wolfi, que había venido con el monopatín —interpelado por aquella tabla bajo el brazo en el momento de su llegada, mencionó las habilidades patinadoras de Fabius—, propuso que todo el que quisiera debatir saliera al balcón; pero que allí dentro se dedicaban a tomar cerveza.

Una y otra vez salía alguno entonando el consabido «¡qué va!» de Fabius, la manera más cariñosa de demostrar que seguía vivo entre ellos, que no lo habían olvidado. «¡Qué va!»: era su lema repetido a modo de *leitmotiv,* expresión de su concepción del mundo y de la vida: qué va, para qué hacer aspavientos, las cosas se aclaran por sí solas, es más, son claras. Claras quiere decir: no te crees problemas donde no los hay.

Porque, ¿qué es lo que los pedagogos, los educadores y exhortadores quieren hacer de ti? Un ser compenetrado con los problemas de la sociedad. Un amigo, romano, compatriota, y eso antes de que cuentes hasta tres. El antídoto para ello es el sonido de Bob Marley, eternamente válido, su «Vive el momento y disfrútalo», acompañado de alguna cerveza, con una chica guapa a tu lado y un cigarrillo en la boca. ¿Más? ¿Para qué y para quién? ¿Puede haber algo más perfecto? Este mensaje —uno tiene que haber nacido para encarnarlo, o bien hace el paripé durante unos años, de forma poco convincente, como yendo de paquete— hizo impacto entre los compañeros de clase de Fabius, convirtiéndolo desde el principio en el centro, en el amigo querido, en el favorito de las chicas.

Una de las tres chicas se había sentado a la mesa con los chicos y bebía su cerveza como ellos, a morro. Las otras dos estaban sentadas en el sofá, con una Coca Cola; Julia se enjugaba las lágrimas que le anegaban los ojos, la otra le rodeaba el hombro con el brazo. Al poco se levantaron y se dirigieron lentamente al cuarto de Fabius.

La que había rodeado con el brazo el hombro de Julia no tardó en salir del cuarto para sentarse de nuevo en el sofá. Julia se quedó sola en la habitación de Fabius. Hacía unos días había dejado un tubo de cartón con una foto de gran tamaño a la puerta de casa, una última foto que había tomado a Fabius pocos días antes de su muerte. Presentaba un aspecto audaz, pálido, con los gruesos labios agrietados y una mirada que procedía de muy lejos tras sus largas trenzas de rasta. Llevaba uno de mis jerséis.

Golpeé suavemente en la puerta del cuarto y entré. Julia se encontraba sentada sobre la cama de

Fabius, con los ojos lagrimosos. Acerqué una silla y me acomodé. Permanecimos callados en aquella habitación, donde el tiempo se había detenido. Y mientras callábamos los dos, su amado y mi hijo muerto estaba tan presente que la chica rompió el silencio. Dijo que le gustaría ir a un café conmigo y hablar sobre todo lo ocurrido. Me alegró que manifestara ese deseo… No me habría atrevido a pedirle un encuentro.

Más tarde, apurada la última cerveza, la pandilla se despidió, animando con sus gritos y empujones la escalera.

A pesar de todo, la vida se abría cauce en estos jóvenes. Habían echado una mirada al abismo, pero tenían que seguir camino, aunque jamás olvidarían aquel instante.

Anna y yo continuamos un buen rato sentados a la luz de unas velas, contemplando la última fotografía de Fabius.

## 18

Pocos días después tenía la cita con Julia. Hasta entonces no había vuelto a la ciudad. Y nunca la había visto así. Así de abierta, así de fea y cruel. Estaba tan desprotegida la vida en ella… Me sentía como si no tuviera piel, incluso las personas que andaban a varios pasos de distancia me atravesaban. Alguien hablaba tan alto con su móvil que me abotoné el abrigo hasta arriba.

Cuando entré en el café me envolvió una humareda azulada de tabaco, y sentí un asomo de debilidad y fatiga. Estaba como socavado por dentro, no tenía nada que oponer al exterior. Había perdido el interés por las cosas de mi entorno, pero no por ello las cosas dejaron de penetrarme.

Julia, silueta estilizada, se encontraba en una mesa esquinera. Curioso lo familiar que me resultaba. Era el último vínculo con mi hijo. Sentado a su lado y viendo cómo calentaba sus bellas manos en su taza de café, me sentí tan embargado por la emoción que cerré los ojos. Comprendí que me hallaba al lado de la chica que había elegido a mi hijo —y él a ella—, que lo suyo había ido en serio, siendo algo más que un experimento de adolescentes.

Por un momento vi los años que los dos hubieran pasado juntos, años en cuyo resplandor me habría calentado. En efecto, era aquel resplandor de un nunca (ni jamás) vivido futuro lo que nos unía a Julia y a mí, sin que necesitáramos ponerle palabra.

Sentados, pues, de esa manera evocamos la vida de Fabius, y fue Julia la que me preguntó por su infancia, por sus últimos años, cuando aún vivía en la pequeña ciudad del otro extremo del país. Ella sabía, por el propio Fabius, que se había criado separado de mí pero que yo lo visitaba siempre que podía. Notó la tristeza que me producían aquellos años perdidos, y dirigió la conversación hacia otros cauces.

Pasaron horas mientras dábamos vueltas a un puñado de siempre idénticos recuerdos, sin que la repetición nos causara aburrimiento; al contrario: buscábamos precisamente, por saludable, la repetición de las imágenes siempre idénticas y, con ellas, los sentimientos correlativos. Afuera se hizo oscuro por instantes. Julia miró el reloj, y antes de que yo acertase a invitarla a cenar, se despidió porque la esperaban en casa. Me preguntó si alguna vez podía ir a verme, y salió a la calle, que no tardó en sumirse en el crepúsculo.

Circunvolada por copos de nieve, Julia, alejándose, parecía acercarse. Caminaba envuelta en la profundidad del tiempo, porque mañana, en otra vida, y sin embargo sólo ayer, sería la amada de mi hijo querido, mientras desaparecía en el anochecer.

## 19

Anna, atendiendo a mis ruegos, me hizo compañía durante varias semanas. Vivimos momentos profundos, tristes y desgarradores, como si recuperáramos una vida entera. En efecto, la muerte de Fabius fue también el fin de un largo titubeo entre Anna y yo. El lazo que se había roto con su muerte nos unía ahora más estrechamente, pues mirábamos juntos al abismo de los años. No habíamos comprendido nada, como casi nunca se comprende lo que se vive, lo que sucede entre dos personas. El corte que suponía la muerte de nuestro hijo nos hacía ver la gran nada sobre la cual nos movíamos como en una cuerda floja. Nos sosteníamos el uno al otro, angustiados pero también ligados por el más profundo de todos los vínculos: en nuestro hijo nos habíamos hecho una sola carne y una sola sangre para siempre, habíamos grabado nuestra vida en la piel del mundo, pero ahora la muerte había borrado el futuro común que era este hijo.

Anna, junto a la ventana, se pasó la mano por el pelo, como ausente. Pronto me iré, dijo, ¿sabrás arreglártelas solo?

No te preocupes, dije con seguridad impostada.

Aunque sabía que ella tendría que volver a su propia vida, se me contrajo la garganta.

A lo mejor Christian podría instalarse aquí por un tiempo, propuso. Seguía asomada a la ventana. De todas formas, no me iré hasta que no sepa que vas a tener compañía en las próximas semanas.

Lo no dicho ocupaba el espacio como una estatua. Te llamaré cada día, dijo, saldrás adelante.

¿Y tú?, pregunté.

Yo también saldré adelante, contestó.

Llamé a Christian, y estaba dispuesto a venir a vivir conmigo a la casa desierta durante una temporada.

Una mañana nublosa, Anna y yo nos abrazamos largamente antes de que ella se subiera al taxi. Me hizo señas a través de la luneta, y había en sus ojos una pena teñida de cariño. Me pregunté cuándo, en aquel entonces en que todavía éramos una pareja de enamorados, había comenzado el distanciamiento. ¿Qué fue lo que yo no había visto? No tenía experiencia, era mi primer gran amor. Aún no había vivido lo que significaba cuando se suceden los primeros sonidos desentonados, cuando ya ninguna de las palabras que se dicen acierta. Anna no había manifestado nada parecido. Tampoco había reaccionado con irritación a mi persona.

Simplemente, había sido demasiado para ella. Demasiada presión desde todos los lados. Demasiada responsabilidad la de traer una nueva vida al mundo, siendo ella misma casi una criatura todavía. Sin una buena palabra, un gesto de apoyo de sus padres.

No teníamos un lugar para nosotros, aún vivíamos cada uno con nuestros padres, donde ni ella ni yo nos sentíamos en casa. Pero, ¿basta esto para explicar por qué un amor tan grande se rompe en un año?

Sí, sin duda la había decepcionado. Es cierto que conseguí un piso para los tres en la capital, pero di pocas muestras de lo dispuesto que estaba a superar, junto con ella, cualquier obstáculo, por grande que fuese. Quizás hablé demasiado, una sola y decisiva vez, sobre mis estudios. Quizás no llegué a darle la sensación de que podía contar conmigo. Contar de verdad, no sólo un poco, sino de la manera como se cuenta con la persona esencial que nos mantiene alejados de un gran peligro. Sin duda, había notado mi miedo a que no saliéramos adelante, y entonces algo se rompió en ella sin que me dijera nada.

Y en un determinado momento ya sólo quería soltar amarras, y cortó el hilo de amor que nos unía.

Pero ahora, después de tantos años, me hacía señas a través de la luneta del taxi.

## 20

Christian aportó a la casa una buena dosis de energía vital, abrió una botella de vino tinto que, después de algunos sorbos, levantó en mí una bruma agradable. ¿Por qué no ahogar simplemente las penas en el vino? No, yo no tenía alma de bebedor, me faltaban las fuerzas.

Christian hablaba de amigos comunes y de sus actuales proyectos. Uno se había comprado un piso, a otro lo había dejado su mujer; una profesora soltera se había tomado un año sabático, y desde hacía meses se encontraba de viaje por el mundo con una compañera. Gracias al vino me habría distraído incluso con una conversación sobre solares en obra, horarios de trenes o subidas de las tarifas postales; lo importante era que hubiese mundo, vida, un exterior.

El angosto túnel del miedo volvió a encerrarme aquella misma noche. Las paredes se estrechaban por momentos, el techo de la habitación me empotraba en la tierra. Mi espalda parecía excoriada, y por más vueltas que diera en la cama, me hallaba como despellejado. La noche presa en la habitación era de materia sólida. Había, inmóvil sobre mi pecho, un témpano de hielo.

En el cuarto vecino dormía Christian, quien habitaba ahora en un mundo muy distinto. Antes de aquella mañana, ese mundo había sido también el mío. El tiempo, ¿llegaría a pasar alguna vez? ¿Habría un despertar de esa parálisis? ¿Un despertar para qué, para quién? Debía de ser ésa la pregunta: ¿para quién?

## 21

Pasó también la noche gélida y vino reptando la grisalla del alba; así, varias noches seguidas, hasta que, una mañana, un mirlo cantó su canción con vigor distinto y otro lo relevó en su canto, y un tercero le agregó su voz, y entre todos hilvanaron una tupida cortina de sonidos que envolvió la casa. Sentí en mi interior una diminuta chispa de alegría, respiré hondo, pero aún estaba hueco por dentro y despojado de fuerzas.

Una mañana, la *Forsythia* del jardín era una llamarada de flores amarillas. Aquella misma mañana Anna anunció su visita. Llegó al día siguiente.

Me asombré al constatar que mi latido se aceleraba por la ilusión del reencuentro, sobre todo en el instante en que Anna bajó del taxi.

Aún estaba vivo.

Nos abrazamos largamente, y cuando entró en casa tuve un atisbo de sentirme completo.

Se sucedieron días de bella familiaridad, cada uno de los cuales aportaba algo especial gracias a la presencia de Anna, hicimos pequeñas incursiones en la ciudad, con la cual poco a poco volví a intimar, aunque ya nunca sería la de antes. Ya nada lo sería.

Antes, una frase así la hubiera tachado de patética o exagerada. Ahora no. No había imaginado esa sensación de que, de pronto, la piel del mundo se volvía del revés. ¿Cómo explicar lo que sentía? Eso, la piel: era como si desde entonces no tuviese piel. Estaba destemplado constantemente. Además, me había convertido en un timorato. Con cada bocinazo me incorporaba sobresaltado. No me atrevía a coger el metro, creía terminar aplastado. Tampoco podía conducir solo.

Anna nunca perdió la paciencia, se tomó en serio mis angustias y debilidades, a veces bromeamos al respecto.

Si no tenía cuidado, corría el peligro de quedarme atascado en mi nueva falta de autonomía y no podría vivir solo por mera flaqueza. Tenía que evitarlo a toda costa.

Date tiempo, me decía cuando me despreciaba por mi debilidad. ¿Tiempo? Había perdido toda noción del mismo.

El cielo cobraba profundidad, en el jardín relucía la hierba, las lilas nos envolvían con su fragancia, los manzanos estaban en flor.

En un nido de estorninos las crías gritaban en coro. Al cabo de poco, aprendieron a saltar de árbol en árbol, hasta que un día sobrevolaron el límite del jardín.

En las aceras, los transeúntes reían. El tiempo pasaba. El tiempo, ese líquido encerrado en frágiles tuberías. Invisible a nuestra mirada.

Se hizo verano. Los colores resplandecían. El mundo estaba ahí, una fiesta para el que tenía ojos para ver. La exuberancia de la tierra, de las frutas, frutas humanas.

Sólo yo fui incapaz de dejar crecer el verano en mis adentros. En una ocasión, salimos en coche al campo —persistía mi miedo a conducir—, internándonos en un día de verano. Nubes negras con matices azules, residuos de la última lluvia, avanzaban sobre el paisaje, una luz opulenta dibujaba perfiles afilados, las mieses se mecían al viento asaeteado por las golondrinas. El tañido de cencerros de vacas llegaba del otro lado de un arroyo, en cuya orilla se apoyaba un árbol y, junto a éste, un cobertizo con un abrevadero delante.

Entonces las ráfagas trajeron el vaho de las bestias esparcidas por la hierba de vivo verde, y mis sienes se cubrieron del recuerdo de dulces y doradas horas de atardecer vividas con Fabius en lo alto de la montaña de la infancia, cuando el tintineo del ganado subía por la ladera y nos rodeaba como un fluido propio; horas de bellísima unión por las que di gracias en mi interior.

Dos golondrinas se enzarzaron piando sobre nuestras cabezas, haciéndome volver al sendero por el que caminaba al lado de Anna.

Fue en un atardecer de verano como aquél, dorado y batido por el viento, cuando, en un bosquecillo de la vieja patria chica, engendramos a Fabius, impelidos por un amor rebosante. Había sido mi primer amor, y si pienso en el deseo que me estremecía sé que un amor así no puede darse más que una vez en la vida. Un amor sin pensar si el otro había dicho o no una palabra inoportuna —cosa imposible, porque cada palabra era de los dos— o si podía manifestarse en él algún defecto; un amor sin cálculos tácticos o prácticos, o como uno quiera llamar a la incapacidad para amar.

Estudiábamos todavía en el instituto cuando Anna me reveló que esperaba un hijo. Ella seguía siendo una criatura, o casi, carecía de orientación, por mínima que fuera, para afrontar la vida. No podía contar con ningún tipo de ayuda o apoyo por parte de sus padres, ni tampoco de los míos, para quienes el «caso» estaba clarísimo: era imposible que dos escolares tuvieran un hijo.

Atravesamos una temporada difícil luchando contra ambas parejas de padres, sin embargo no dejamos que alteraran nuestro común deseo de tener aquel hijo del amor. Su rechazo sólo consiguió unirnos más profundamente. Cada vez que hago memoria de aquellos meses de espera, nos veo como criaturas todavía incompletas, desvalidas y desorientadas, dos seres lejos aún de poder echar a andar por sus propios pies.

Anna abandonó el instituto, yo lo acabé a duras penas. Logré a pulso que mi padre me diera apoyo económico para mis estudios universitarios, apoyo del que tendríamos que vivir los tres.

Esperaba el parto de Anna como hipnotizado. Busqué piso en la capital, quedaban aún más de quince días para la fecha estimada cuando llamaron del clínico. Presa del pánico, corrí ansioso a la estación para tomar el tren nocturno, pero cuando llegué a la cama de Anna al amanecer, ya todo estaba hecho.

Anna yacía en el lecho como iluminada por una luz interior, la abracé con una ardorosa sensación de culpa en mi pecho por no haber estado allí en el momento crucial, por no haber reparado siquiera en la posibilidad de un parto prematuro.

Cuando cogí al niño en brazos —temiendo que aquel ser galáctico se me cayera de las manos—, me sentí más fuerte que nunca. Por primera vez estaba ligado a esta tierra, con mi hijo en los brazos y mi mujer en aquella cama. Me había vuelto adulto de la noche a la mañana, y estaba orgulloso.

Sin embargo, al salir como aturdido de la habitación para tener un instante de paz, la angustia me atrapó de un zarpazo: ¿cómo podría yo cuidar jamás de aquellos dos seres que eran para mí lo más querido del mundo?

Era un inmaduro, no tenía experiencia alguna de trabajo salvo unas semanas en correos —cuando dije adiós al instituto y no quise volver jamás—, no había tenido que ganarme la vida nunca. Y a los dos meses, después de mi trabajo en correos, donde me sentía tan fuera de lugar como en ninguna otra parte, había vuelto al instituto para asombro de mis compañeros de curso y de mis profesores. Contrariamente a lo que esperaban estos últimos y mis padres, acabé el bachillerato, dejando expedito el camino a la universidad, camino que deseaba seguir. Pero ahora, siendo padre, ¿cómo conseguiría el dinero para mi hijo y mi pareja?

En nuestros sueños vivíamos los tres en una casita de piedra situada en una isla del Mediterráneo, donde Anna y yo habíamos pasado un verano feliz. ¿Por qué no fugarse, escapar a las estrecheces del mundo? Sólo nos hacía falta un poco de dinero, nuestro amor se sobrepondría a la huida. Así soñábamos.

¿Dónde estás?, preguntó Anna.

Estoy contigo, respondí, con nosotros, en aquel entonces.

¿Alguna vez pudimos elegir?, preguntó ella.

## 22

La primera vez que vi a Anna a lomos de su querido caballo, quedé subyugado por su elegancia. Era la encarnación de una belleza que nunca había visto. Era la mujer con la que había soñado desconociendo mi propio sueño, pues éste nació en el preciso instante de verla.

Su madre regentaba una escuela hípica, donde Anna no sólo tenía su propio caballo, sino que dedicaba mucho tiempo al cuidado de los animales y a las clases de equitación. Desde su infancia, la madre había sabido atarla a su persona y herirla en cualquier momento quitándole un animal querido o incluso vendiéndolo de la noche a la mañana. Que Anna se hubiera convertido en madre de un hijo no deseado y pareja de un hombre que no podía ofrecerle ninguna seguridad, un hombre que, como decía, no tenía futuro, venía a ser una especie de prueba de fuerza entre madre e hija.

Durante las primeras semanas que siguieron al parto viví con Anna en casa de sus padres. Debido a una inflamación mamaria, Anna no podía dar el pecho al bebé, y nos turnábamos para preparar el biberón. Cada dos horas, Fabius nos despertaba a gritos, y yo me levantaba pensando: tu hijo tiene hambre, necesita alimento, te necesita a ti. Me sentaba con él en brazos y, con ojos soñolientos, le daba el biberón; él chupaba con avidez y se quedaba dormido, luego el hambre lo despertaba, seguía chupando y volvía a dormirse.

La madre de Anna, para evitar que la crispación fuera a más, se vio obligada a mantener hacia mí un trato de amabilidad fingida. Prometió a Anna un nuevo caballo de su elección y un empleo bien remunerado en la escuela hípica. Si Anna se marchaba conmigo a la ciudad de mis estudios, perdería no sólo el caballo y aquel mundo, sino también el trabajo y la solidaridad familiar.

Anna vaciló; se daba cuenta de lo desprotegida que se encontraba. Yo estaba demasiado desvinculado de la vida como para darle la seguridad de un hogar. Quería quedarse a mi lado, pero también debía pensar en el hijo y en un futuro posible. Creí que juntos superaríamos todas las dificultades y le insistí en que se viniera conmigo. Así lo hizo, sin Fabius y con el corazón dividido.

Su madre había propuesto que dejáramos al niño a su cuidado durante un primer mes, de modo que tuviéramos mayor margen de maniobra; de todas formas, Anna había dejado de amamantarlo.

Aceptamos, aunque intuíamos que nos equivocábamos. Fue por mi debilidad, mi debilidad y cobardía, por lo que no rechacé la propuesta con indignación.

Anna no se habituó a la ciudad extraña, no sabía qué hacer en ella, me acompañaba en mis idas a la universidad, se informó sobre las posibilidades de cursar el bachillerato nocturno, hablaba por teléfono con su madre todos los días, añoraba a la criatura y volvió antes de que hubiera pasado un mes. Comenzó un desasosegado ir y venir por ambas partes, y cuando ella venía lo hacía sin Fabius.

Yo era demasiado inmaduro, estaba demasiado ensimismado en mi ignorancia como para comprender que los estaba perdiendo a ella y al niño.

Su madre, sabiendo que había ganado ya la batalla, descansó. No necesitaba emancipar a su hija del círculo de la dependencia; seguía teniéndola cerca para suplir, entre otras cosas, el vacío que no llenaba su débil marido.

En mis visitas a Anna y Fabius sentí una creciente carencia de palabras; empezamos a volvernos extraños el uno para el otro. Yo era demasiado inexperto para comprender que nuestro amor estaba en trance de romperse, que de nada servía que reiteradamente le confesara cuánto la amaba. Nuestros rumbos se iban separando. No sabía que las palabras carecían de valor si no venían seguidas de actos. Regresaba entristecido a mi vida de estudiante. Al cabo de unos meses abrí una carta con su letra, en la cual me hablaba de un tal Harald, al que no amaba pero que estaba ahí cuando necesitaba de él.

Abismado sobre la carta, desperté con una llama frenética en mi interior. Había perdido a Anna. Muy escaso, demasiado, había sido el plazo concedido a nuestro amor. Y comenzó un lento y doloroso proceso de desapego.

Fui a verla y constaté que había dejado de ser mía. Latía en sus palabras una resonancia amarga, como si hubiera claudicado ante los rigores de la vida. Era prisionera de su madre, y yo no tenía la madurez suficiente ni el dinero para llevármela, para ofrecerle una vida a mi lado. De todas formas, era tarde. Anna se había distanciado de mí, la unidad de nuestro amor ya no existía. Comenzó a menospreciar cuanto hubo entre nosotros, a borrar a la postre todo lo que nos había unido.

Volví desesperado a la ciudad, de súbito convertida en un frío destierro. En los años venideros yo sería un mero visitante en las vidas de Anna y

Fabius, una sombra, como en una foto con Fabius a orillas de un lago: una sombra y nada más.

Muchos años después —hacía tiempo que Anna había dejado de vivir con nuestro hijo en su casa paterna—, en medio de los vendavales más violentos de la adolescencia de Fabius, cuando ella ya no sabía qué hacer para no perderlo, me llamó pidiéndome consejo. Le ofrecí hacerme cargo del chico durante el tiempo que ella y él lo desearan.

¿Sacrificarías tu sagrada soledad por Fabius?, preguntó.

Sí, lo haría, contesté. Quiero a mi hijo y deseo asumir la responsabilidad.

Cuando luego, sentado con él en su habitación, le pregunté si quería vivir conmigo, me miró con asombro y preguntó por qué quería cargar con el bulto.

Porque te quiero, respondí.

Su cara esbozó un brillo furtivo.

Llegas tarde, dijo. Y añadió: Vale, me voy contigo.

Y así fue. Yo estaba dichoso de poder ser por fin el padre que siempre había deseado ser. Estaba dispuesto a supeditar mis propios intereses al bienestar de Fabius. Sabía que, a sus dieciséis años, venía a vivir conmigo en el período más difícil de su vida.

En el instituto tenía a sus espaldas varios expedientes disciplinarios, y el guardia de un supermercado le había puesto una denuncia por robo.

La policía había venido al instituto para interesarse por un grafitero con las siglas de su nombre que había adornado las fachadas de varios edificios públicos de la ciudad.

En una ocasión, Fabius me contó cómo funcionaba lo del aerosol de enfriamiento. Se conseguía sin receta en la farmacia y lo compraban treceañeros para ponerse *en órbita*.

Una noche, lo habían cogido y arrestado con un par de amigos por tenencia de drogas. Al menos no eran sustancias duras.

Varios días después, nos trasladamos a la capital, con su ropa, su guitarra, su monopatín.

Se instaló en su nuevo cuarto, compramos una cama, una mesa, un equipo de música, un ordenador. Por lo general, se retiraba a su cuarto, escuchaba música a todo volumen o tocaba la guitarra. Al principio, parecía que no se lavaba, siempre vestía el mismo pantalón roto y las mismas camisetas descoloridas y tenía el pelo erizado. Cuando empezó a oler mal le llamé la atención. Se puso a la defensiva y se me quedó mirando: a ver cómo me las iba a apañar ahora para establecer una autoridad paterna.

No hice ni siquiera el intento de presionarlo. Siempre había sido un mero visitante en su vida. Dármelas de pronto de educador no podía funcionar. Lo intenté, pues, de manera lúdica, enseñándole el jabón y la toalla, recordándole que también teníamos bañera y señalando que las chicas daban mucha importancia a que los chicos oliesen bien.

Suspiró y se metió en su cuarto. Uno cero a favor de él.

Así estuvimos varias semanas. Por lo menos logré convencerlo de que, para la entrevista en el instituto, se pusiera una camisa limpia y un pantalón de corte normal, pantalón que compramos expresamente para la ocasión. ¡Carroza!, me decía entonces con su mirada.

El director del tercer centro de enseñanza en que probamos fortuna lo escudriñó largo rato, vio el «poco satisfactorio» estampado en el boletín de notas, me miró a mí, luego a Fabius. Al final lo aceptó como alumno.

Nada más llegar a casa, Fabius se enfundó los trapos de siempre. Sin embargo, al poco tiempo empezó a lavarse.

Comenzaron las clases y enseguida hizo amigos. Olivia y Margaretha, Sándor y Hofi y como se llamaran vinieron a nuestra casa.

Me quedé tranquilo. La transición había ido mejor de lo que esperaba. Fabius hablaba mucho por teléfono con sus amigos en el otro extremo del país; con su madre, extrañada de que el experimento, según parecía, prosperara.

Que ya estuviera señalado por la muerte fue algo que no sospeché. Un análisis de sangre había detectado un alto grado de inflamación, el médico recomendó la extirpación de las amígdalas. Fijamos la fecha de la operación, pero, tras el examen previo, el médico del hospital dijo que la intervención no era indispensable, aunque podía hacerse. Llamé a Anna, que, vistas las circunstancias, estuvo de acuerdo en renunciar a la operación.

Desde el comienzo de la pubertad, a menudo Fabius estaba muy pálido, cosa nada insólita en esa fase de la vida. Por las mañanas le costaba levantarse de la cama, pero eso tampoco era nada fuera de lo común.

Y llegó el invierno más oscuro de mi vida.

## 23

Un viento cálido acariciaba la casa. Muchas veces no hacíamos más que sentarnos en la terraza y mirar al jardín, inefablemente verde. La clorofila no cejaba, la vida se multiplicaba exuberante.

Christian nos hacía compañía a veces. Por las noches parpadeaba una vela, en alguna parte cantaba un grillo.

Aquélla era la isla de la amistad.

Y gracias a ella existían los buenos momentos.

Una mañana, pregunté a Anna si juzgaba prematuro que le regalara una prenda de vestir. Quise darle una alegría, a ella y también a mí, quise reconquistar un trozo de mundo. Sonrió. Y salimos.

Era bonito asesorarla durante la prueba, era un acto real y normal, noté cómo los dos renacíamos. Cuando Anna salió del probador luciendo un vestido maravilloso, una sombra debió de recorrer mi frente, pues ella de pronto dudó. Entonces alabé el vestido, jugábamos al juego de hombre acompaña a mujer a comprar ropa, y al salir de la tienda con el botín, ambos suspiramos de alivio.

Aquella pequeña aventura era una islita que conquistábamos para nosotros. Enhebrando muchas islas, podríamos pasar de una a otra y, tal vez, aprender de nuevo a atravesar el día sin hundirnos.

Anna vivía en la casa con la precaución de quien no está seguro de sus pasos.

Le dije que era más que una huésped, que la casa también era suya, pero declinó diciendo que se sentía a gusto en su condición de huésped, que no podía ser más.

Existe entre nosotros dos un espacio luminoso, un sentimiento, al que no necesitamos poner palabras. Está ahí y es lo más natural. Es la gratitud de que el otro exista y sea como es. Cada día distingo más la luminosidad de ese espacio. No tenemos que hablar al respecto, no, lo rodeamos, hablamos de cosas triviales. Pero en cada cosa trivial palpita claridad, naturalidad. Ya no quisiera prescindir de ese espacio.

Luego vino Julia y se hizo parte de esta casa. Desde que llegó, la casa se ha vuelto más luminosa. La he oído reír, tiene una risa clara y bella. Una risa que ha resucitado a Fabius en estos espacios. También entre Julia y yo existe una naturalidad, una presencia solemne de algo que tenemos en común y que no necesitamos verbalizar. Está ahí, es la celebración de la vida, la alegría de que esta persona exista.

Llamó la madre de Julia para manifestar su preocupación porque la chica no pudiera olvidar a Fabius. Deseaba que su hija dejara de frecuentar nuestra casa.

Le dije que yo no podía ni pensaba prohibírselo, que esta casa siempre estaría abierta para ella y que sería muy bienvenida mientras quisiera venir. Su madre cortó la conversación.

Durante las dos semanas siguientes, Julia no vino. Un día, volvió a aparecer ante la puerta. No le dije nada de aquella llamada.

Traía a veces música, su música, y la poníamos y la escuchábamos fuera, en el jardín, con las puertas abiertas de par en par. PJ Harvey, Zaz, Björk, Soap and Skin. En una ocasión bailó desenfrenadamente, con el brío de su juventud, y sentí por un momento la chispa de la vida en mis venas. En otra ocasión puso *Beyond the Missouri Sky,* y a los tres nos corrieron las lágrimas; apagué el cedé. Aún no era el momento.

Aquella noche, Julia se marchó a casa temprano.

Un día, una luz más dura iluminaba hasta los rincones más extremos del jardín. El verano se había roto.

Y se cerró el cielo, los colores brillaron por última vez, estallando en toda su opulencia, antes de apagarse lentamente, antes de que retornara el otoño. Repliegue a la tierra. Repliegue de la vida hacia dentro, donde sólo puede subsistir sobre un fuego interior. Donde se extingue.

¿Eso era todo? ¿Dónde estaba mi rebeldía, mi sublevación? ¿Sublevación contra un anónimo? Qué importa. ¿Dónde estaba mi enojo con Dios, como antaño se enojara Job? Había consumido todas mis fuerzas en la sublevación. Estaba cansado, agotado. Es más: me sentía despojado, despojado de la vida. Como desprovisto de piel, despellejado, indefenso. Tan exhausto estaba que hacía meses que prácticamente no podía concluir un solo pensamiento. La rabia no nos devolvía a Fabius. La rabia se transformaba en agotamiento. No había otro camino que el agotamiento.

Al final del verano, Anna se había marchado a su casa por una temporada, pero había vuelto porque su propio hogar era ahora un terreno quebradizo. Llevaba de nuevo varias semanas viviendo conmigo en la casa silenciosa. Qué exuberancia había tenido el jardín, con qué fuerza la vida había proyectado su savia hasta los rincones más remotos. El tiempo olvidaba sin piedad, se propagaba sobre todas las cosas, empeñado en eclipsar cualquier dolor. Pero el alma camina despacio, y cuando está rota no hay buey capaz de moverla de su sitio.

Así pues, habíamos pasado el verano sentados en el jardín contemplando su verdor. Y contemplándolo, el tiempo nos había dejado de lado, cubriéndonos con su propia sombra; era, como dice una palabra antigua, longánimo.

No es cierto que el tiempo diera un rodeo. Más bien se propagaba de manera imperceptible, como la hierba. Formaba amplios meandros en los que se ocultaba el silencio. Y en aquel silencio brotaba un calor nuevo y bello. Comprendí que no estaba solo. Anna había vuelto, se sentaba a mi vera; en una ocasión me leyó un fragmento de *El paseo,* de Robert Walser, cuya levedad desesperada me conmovió profundamente. El paseante se hallaba excluido del mundo, su trabajo consistía en observar las acciones de los demás. Pasaba de largo, con levedad excelsa, ante las vidas ajenas, pero su levedad era un bailoteo sin red, cuya legitimidad él mismo cuestionaba. Sí, toda su existencia estaba cuestionada, sobrevivía en un reducto diminuto del día, sobrevivía mediante la ironía, sobrevivía asumiendo el castigo que le impondría el mundo.

En el mundo minúsculo y bellamente deteriorado de Robert Walser refulgió una luz, ardió una pequeña llama. La voz de Anna hizo temblar aquella llama, era un momento maravilloso en el que comprendí que, a pesar de todo, la vida seguía ahí, alrededor de nosotros, dentro de nosotros.

## 24

La vida es un fluido. Es preciso contenerla para evitar que se escape.

Había pensado que no podría quedarme en esta casa. Esta casa me había arrebatado a mi hijo. También esta ciudad. Había querido marcharme en cuanto me viera capaz.

Pero la vida había vuelto a esta casa, como corriente fina y fugaz, como hálito y espacio. Eran las dos mujeres. Era Anna con la discreta fuerza de su duelo, su perseverancia en vivir esta vida, a pesar de que hubiera ocurrido lo peor, aun así. Y quería hacerme partícipe de esa fuerza, porque sabía que necesitaba su ayuda. Sabía que me hundiría si abandonaba ese círculo de luz.

Y estaba Julia, con el regalo de su presencia. Un regalo que me dejaba avergonzado una y otra vez, del que ignoraba cómo era merecedor. Pero lo aceptaba agradecido y lo tomaba porque era la vida.

Escuchábamos música juntos, la música de Julia, mi música, que también le gustaba a ella. Escuchábamos, en el jardín, Händel, *Arias for Carestini*, interpretado por Vesselina Kasarova. Me imaginaba a Julia con el vestido de una dama de la época, lo llevaría con la misma naturalidad con que llevaba los vaqueros de tiro bajo de hoy en día. Escuchaba muy atenta esta música, un parpadeo recorría su cara, sus ojos resplandecían.

La vida es un fluido, es fugaz y «pasa rápido como el brillo de un blanco corcel cayendo por un resquicio», según se dice en la *Verdadera escritura de la florescencia del sur*, de Zhuangzi.

   ¿Por cuánto tiempo persistiría el bello flujo que estaba viviendo esta casa?

Siempre ha existido un mundo más allá del jardín. La paz del jardín sólo era un espacio del que el mundo se había olvidado por un tiempo.

Después de varios días de lluvia, una afilada luz de primer otoño se plantaba frente a la ventana. Por las mañanas centelleaba el rocío del prado. La vida buscaba amparo, se replegaba a sus adentros.

Cuando Anna y yo nos sentábamos a la mesa, cuando ella me leía, había en el espacio una solemnidad singular.

El limonero, al que había dejado de dar agua durante mucho tiempo, se había muerto y lignificado. Como por obstinación, empecé a regarlo. Y como contradiciendo a la muerte, al poco brotó de la madera yerma un tierno retoño de color verde claro. El retoño se convirtió en un esqueje de apariencia translúcida, que no tardó en crecer. No llevaría frutos ni adoptaría la hermosa forma esférica de un limonero sano. Pero estaba vivo.

Desde que he estado en el pozo, siento el valor de la vida. Siento a las personas a mi alrededor, veo su fragilidad. Cada una de ellas es una lucha contra el frío, la muerte.

La lucha es la vida, y a veces, un final de la lucha, una pausa, un estar suspenso, una fusión con un ser querido. A veces, en momentos regalados.

Las visitas de Julia se espaciaron, había comenzado el curso escolar. Dentro de poco comenzaría también mi semestre.

Había solicitado exención de las lecciones magistrales, sólo daría dos seminarios. La universidad, mi trabajo, todo se me había vuelto extraño. Pero allá fuera había un mundo, y tarde o temprano tendría que volver.

Cuando Anna anunció su partida, le tomé la mano y le pedí que se quedara.

Con lágrimas en los ojos me preguntó cómo me lo imaginaba.

No me imagino nada, contesté. Si te quedas, el día está más claro.

Me abrazó. ¿Pero qué va a ser? No podemos comenzar de cero.

No tenemos que comenzar nada. Somos los que somos. No tenemos que ser nada más. Ni tiene que haber nada más.

El día que cumplió dieciocho años, Julia estaba sentada en nuestro salón, y yo no sabía si era su propia luz la que iluminaba la estancia, o la primera nieve de aquel invierno, que caía, despacio, en el jardín.

ESTE LIBRO SE ACABÓ DE IMPRIMIR
EL DÍA 20 DE SEPTIEMBRE DE 2016.

## Clémence Boulouque
## MUERTE DE UN SILENCIO

El 11 de septiembre de 2001 dos aviones se estrellan contra las Torres Gemelas, en Nueva York, y Clémence Boulouque se encuentra no muy lejos de allí.

Ese atentado terrorista le hace recordar las bombas que estallaron en París cuando era niña: en la oficina de correos del Ayuntamiento, en el supermercado Casino de la zona de Défense y en el pub Renault, en la prefectura de la policía y delante de los almacenes Tati, en la rue de Rennes...

Ese atentado terrorista le hace recordar aquellos otros muertos. «Un joven juez parisino se hizo cargo de aquellos casos. Yo llevo su apellido y su duelo», escribe Boulouque. Su padre, uno de los jueces más mediáticos de la historia de Francia, se ocupó de los expedientes del terrorismo islamista durante algunos intensísimos y difíciles años y, poco después, se suicidó una noche cuando ya no pudo soportar más la insidia o las acusaciones de algunos miembros del sistema judicial francés, la controversia política, la presión de los medios de comunicación. «Un héroe cansado», dijo alguien sobre él años después.

Se disparó con el arma que la propia Clémence había tenido un día en sus manos. Se disparó una noche, a pocos metros de las habitaciones de su hijo y de su hija, cerca de su esposa.

Estremecedora, emocionante y, a la vez, llena de consuelo, he aquí una primera novela fundamental, que cosechó críticas entusiastas en su país: «El tono es sobrio, sin florituras ni lirismo, la frescura y la ternura de muchas frases son impactantes» (Raphaëlle Picard, *Paris Match*); «Todos recordamos *Muerte de un silencio*, libro del cual ningún lector salió ileso, a menos que tuviese la sensibilidad de un ladrillo» (Marine de Tilly, *Le Point*); «Un texto breve que quema. No hay en él idealización de la imagen paterna, el juez Boulouque es un mártir de la Historia, como los dos poetas cuyas citas abren y cierran el libro, Paul Celan y Osíp Mandelstam» (Dominique Fernandez, *Le Nouvel Observateur*); «Las palabras justas, las frases en tensión por la necesidad. Un primer libro que saludamos con emoción» (Armelle Godeluck, *Lire*); «*Muerte de un silencio* no es una queja, sino la autopsia de un sufrimiento, el de perder a un ser querido, incrementado por el hecho de que éste se suicidó y por las infinitas preguntas que se quedaron sin respuesta» (*Elle*).

La propia Clémence Boulouque declaró lo siguiente acerca de su obra: «La escritura de este libro ha sido como poner una piedra sobre una tumba. Tengo la extraña sensación del deber cumplido, de haber hecho lo que tenía que hacer como hija.»